DE L'IMPOSSIBILITÉ MORALE

ET MATÉRIELLE

DE

LA RÉPUBLIQUE

PAR

ERNEST ARNVALD

MARSEILLE

IMPRIMERIE DE T. SAMAT

Quai du Canal, 15.

—

1871

DE L'IMPOSSIBILITÉ MORALE

ET MATÉRIELLE

DE

LA RÉPUBLIQUE

I.

De la loi; de la diversité de ses origines; de l'obéissance qui lui est due.

L'ensemble des institutions politiques, civiles et sociales qui régissent un peuple forme ce qu'on est convenu d'appeler sa législation.

La valeur morale d'une législation est proportionnée à son degré de conformité avec le droit.

Pas plus dans l'ordre intellectuel que dans l'ordre physique, la possibilité de créer n'a été donnée à l'homme : créer, c'est tirer de rien ; et dans tous les actes de notre existence nous ne faisons que transformer.

Nos transformations ne sont, à proprement parler, que des imitations plus ou moins réussies de l'œuvre de Dieu : voilà pourquoi la meilleure statue sera celle qui se rapprochera le plus de l'homme ; le meilleur tableau, celui qui reproduira le plus fidèlement la nature ; le meilleur raisonnement, celui qui reposera sur les principes de logique innés en nous ; en dernier lieu, voilà pourquoi, ainsi que nous venons de le dire, une législation sera d'autant meilleure qu'elle retracera, plus scrupuleusement, dans ses règles, les prescriptions du droit, cet immuable idéal que Dieu nous donne sans cesse à imiter dans tous nos essais de rénovation sociale.

La loi est tantôt l'expression de la volonté d'un seul, tantôt l'expression de la volonté de tous.

Quelque multiple que soit la sanction suprême qui la rend obligatoire, il n'en est pas moins vrai qu'une loi n'est, et ne peut être que le fruit des méditations d'un seul.

Remontez aux temps de la plus haute antiquité, nulle part, à aucune époque, vous ne rencontrerez un peuple capable de tirer de l'esprit collectif qui l'anime, les lois dont il a besoin : partout s'est fait sentir la nécessité d'un législateur, c'est-à-dire d'un homme assez favorisé du ciel pour joindre au génie qui découvre les bonnes institutions, l'esprit de persuasion qui les fait accepter de la masse du peuple : c'est revêtus de ce double caractère que nous apparaissent les Zoroastre et les Moïse, les Lycurgue et les Solon.

Bien loin de trouver ces institutions par lui-même, le peuple donne la mesure absolue de sa capacité politique en les approuvant ; car, ainsi que le dit fort bien Rousseau : « Comment une multitude aveugle, qui souvent ne sait ce qu'elle veut, parce qu'elle sait rarement ce qui lui est bon, exécuterait-elle d'elle-même une entreprise aussi grande, aussi difficile qu'un système de législation ? De lui-même, le peuple veut toujours le bien, mais de lui-même il ne le voit pas toujours. La volonté générale est toujours droite, mais le jugement qui la guide n'est pas toujours éclairé. »

Que si le témoignage du philosophe génevois paraissait insuffisant à quelques-uns, ne pourrait-on pas leur opposer les leçons de l'expérience, et leur montrer, l'histoire contemporaine à la main, qu'en attribuant au peuple le droit de ratifier ou de rejeter une décision quelconque, nous nous sommes encore abusé sur l'usage intelligent qu'il pourrait en faire ?

Parlerons-nous du plébliscite qui suivit le coup d'état du 18 brumaire ? Non, car le plébliscite de décembre 1851 l'a fait oublier en le dépassant ; nous nous bornerons à rappeler aux fanatiques du suffrage universel que le premier usage qu'ait fait le peuple, du droit de se gouverner lui-même, a été de se donner un maître. — Ce peuple avait salué la République de ses acclamations, et pour fonder sur des bases définitives cette forme de gouvernement si chère à son cœur, il avait élu des représentants républicains. Un an s'était à peine écoulé, que la démocratie française tournait à la démagogie ; l'assemblée craignant de se voir débordée était obligée de purger les comices populaires de quatre millions d'électeurs. (1) Ce concours de circonstances faisait redouter pour les élections de 1852 le triomphe des doctrines socialistes. Qui ne se serait alors écrié que la France était républicaine ?

Survient le guet-apens de décembre ; point n'est besoin

(1) Loi du 31 mai 1850.

au peuple de descendre en armes dans la rue pour protester contre la violation du droit et reconquérir sa souveraineté : il n'a qu'à rendre, sous l'inviolable garantie du scrutin secret, un verdict flétrissant la conduite de Bonaparte. Ce verdict, il va le donner en toute sécurité, car, je le répète, que lui coûte-t-il d'obéir à sa conscience et à ses opinions ? Le vote de chacun demeure inconnu.

Ce peuple, qu'on croyait républicain, qui avait fait non pas un acte, mais dix actes de républicain, sanctionne une première fois l'usurpation de Bonaparte par 7,500,000 suffrages, et relève ensuite, par 7,800,000 voix, le trône de l'oncle en faveur du neveu.

Mais qu'est-il besoin de protester contre les inconséquences du suffrage universel ?

Ses partisans eux-mêmes, comprenant son insuffisance, se hâtent de le subordonner à la République. « La République est au-dessus du suffrage universel ! » s'écrient-ils ! par eux, démocrates, le principe de la démocratie : le suffrage universel, est mis en suspicion et condamné.

Légitimistes et orléanistes n'en demandaient pas davantage.

Par ce simple exposé des contradictions de la volonté générale, nous croyons avoir démontré au lecteur que de ce qu'une loi a été sanctionnée par le peuple, il ne s'en suit pas, nécessairement, ainsi que le prétendent plusieurs, que cette loi soit bonne ; par là se trouve aussi jugée l'opinion de ceux qui prétendent qu'une loi n'est valable qu'autant que la majorité du peuple l'a adoptée.

Que nous importe à nous que telle iniquité ait été sanctionnée par le suffrage universel ? Ce n'en est pas moins une iniquité. Le nombre ne peut rien contre l'évidence. L'approbation que dix millions d'ignorants donnent à une absurdité, n'en change pas la nature : elle n'en reste pas moins une absurdité ; et nous préférerons toujours le vrai, proclamé par la saine raison d'un seul, à la sottise proclamée par l'ignorance de tous.

Il ne faudrait pas conclure de tout ceci, avec certains, dont la bonne foi n'est pas la meilleure qualité, que l'expression de la volonté d'un seul est toujours préférable à l'expression de la volonté de tous, mais que l'erreur peut se glisser aussi bien dans l'une que dans l'autre, et que si l'avis de dix hommes instruits vaut mieux que l'avis d'un seul d'entre eux, assurément l'avis de cent ignorants ne mérite pas de prévaloir sur l'avis d'un homme instruit.

En l'état, qu'elle doit être la conduite d'un bon citoyen dans le pays où Dieu l'a fait naître ?

Convient-il que, soumettant lois et institutions au libre examen de sa conscience, il déclare n'obéir qu'à celles qui lui *paraitront* justes? Sera-t-il permis à chaque individu de remettre ainsi en question ce que la suite des siècles aura décidé; et l'œuvre que vingt générations auront sanctionnée de leur adhésion tacite sera-t-elle toujours assujettie à la décision d'une volonté particulière? — C'est ce que prétendent plusieurs, assez prompts à sacrifier le droit commun au droit individuel. « En certains cas, s'écrient-ils, l'insurrection est le plus sacré des devoirs. »

Toutes les émeutes, toutes les révolutions dont la France a été victime depuis un siècle ne sont qu'une application plus ou moins heureuse de ce principe.

Qui ne voit que si chacun se fait juge de la légitimité d'une révolte contre l'ordre établi, les prétextes ne manqueront jamais aux mutins pour troubler la paix publique, ébranler les fortunes particulières, et bouleverser enfin de fond en comble l'édifice social.

En face des innombrables divergences d'opinions qui divisent un pays en autant de partis qu'il y a de nuances dans chaque système, est-il besoin de faire ressortir la confusion qui règne dans les primitives notions du droit, et d'affirmer que ce qui paraît juste aux uns paraîtra infailliblement injuste aux autres, et qu'en conséquence permettre aux factions de quitter le terrain de la logique pour le champ de l'action, c'est ouvrir la porte à l'anarchie, faire de la souveraineté la proie du plus violent et décréter en définitive la dissolution de la société.

Mais s'en suit-il, de ce qui précède, qu'il faille s'abstenir de toute protestation contre une loi injuste?

Non; lorsqu'on est homme, et comme tel sujet à errer, la discussion est plus qu'un droit, c'est un devoir; on est tenu de communiquer à autrui ses idées, afin que bonnes, il puisse en profiter, et mauvaises, les refuter: C'est par cet échange perpétuel d'éclaircissements que se fonde l'association morale; c'est afin de nous lier davantage les uns aux autres que Dieu nous a distribué ses dons d'une manière inégale : Renfermer en soi l'intelligence qui ne nous a été donnée que pour en faire bénéficier nos frères moins bien partagés, c'est trahir l'œuvre de Dieu, c'est voler l'humanité. Tout doit donc nous obliger à dénoncer au monde une loi injuste.

Que si notre franchise nous attire l'inimitié des puissances établies, nous ne tarderons pas à être récompensés de nos peines par la victoire, et surtout par le prestige qui s'attache toujours à quiconque souffre persécution pour la vérité.

« *Felix qui patitur.* »

Quoi qu'il en soit, une dernière ressource reste toujours à celui qu'une expérience malheureuse convaincrait de son impuissance à tirer ses concitoyens de leur aveuglement : C'est l'émigration ou la faculté qui appartient à tout homme de choisir le climat et le gouvernement sous lequel il veut vivre.

La Discussion et l'Emigration : tels sont les droits fondamentaux sur lesquels repose la liberté humaine, et j'ajoute qu'ils suffisent pleinement à combler le champ de notre activité politique. Hors de là rien ne peut exister légitimement, et le prétendu droit d'insurrection n'est que le droit d'opprimer et de violenter ses semblables.

Ce sera pour la postérité, le sujet d'un profond étonnement qu'à notre époque certains esprits aient osé remettre en délibération ce que chaque société, à peine de bâtir sur le sable, avait été forcée, dès sa naissance, de décider d'une manière irrévocable.

Sans les effroyables témoignages que nous fournissent les derniers évènements, nos petits-fils ne pourraient croire que leurs aïeux aient été, un jour, obligés d'entreprendre la démonstration de ce que j'appellerai un axiome politique : car quel nom donner au principe sacré de l'obéissance à la loi sans lequel rien de stable ne saurait subsister.

Des attaques incessantes auxquelles la loi est en butte, se déduit l'indispensable nécessité de pourvoir à sa défense.

Que sert, en effet, d'établir de sages institutions si l'on n'a aucune force pour les faire respecter? Un système politique ne sera donc préférable à un autre, qu'autant qu'à de meilleures lois, il adjoindra les garanties suffisantes pour en assurer l'exécution

Nous allons étudier, dans une revue des trois sortes de gouvernements dont le choix s'impose aux hommes, lequel nous paraît réunir les meilleures conditions d'ordre et de liberté, et nous résoudrons ainsi la question posée par le titre même de cet ouvrage.

II

De la Monarchie absolue.

Les trois genres de gouvernement dont l'histoire nous offre l'application sont : la monarchie absolue, la monarchie constitutionnelle, et la république.

Nous ne nous oublierons pas jusqu'à prouver une chose admise de chacun : les vices de la monarchie absolue en rendent aujourd'hui la restauration impossible ; qu'il nous suffise de dire que ce régime, remettant la décision de toute chose aux caprices d'un homme dont rien ne borne le pouvoir, crée autant d'abus que d'actes.

Si l'autorité qui résulte de la toute puissance du prince est immense, en revanche est-on obligé de constater que cette autorité ne s'exerce guère qu'en faveur de l'inique et de l'absurde :

Si l'état jouit d'une tranquilité matérielle incontestable, encore faut-il avouer que le désordre moral y est intolérable, puisque nul n'y est assuré de la possession du plus légitime de ses biens, puisque tout : hommes femmes et enfants, appartenant au souverain, peut à chaque instants lui être sacrifié.

Ce régime se distingue des deux autres par l'absence de toute loi, à moins que l'on ne veuille appeler ainsi, les extravagantes fantaisies d'un être auquel l'exercice d'un pouvoir sans limite fait perdre peu à peu toute mesure, toute raison.

Aussi, faut-il remonter, pour trouver l'exemple d'un tel gouvernement, aux derniers temps de la barbarie, où, fatigué des vexations et des cruautés de mille tyrans, le peuple se servit de la supériorité de l'un d'entr'eux pour se délivrer des autres.

Tout plia dès lors sous la domination d'un seul, et cette époque marque définitivement le passage de la féodalité à la monarchie absolue.

Quelques griefs que nous ayons à reprocher à la royauté absolue, n'oublions jamais qu'elle fut, à son origine, un bienfait pour l'humanité ; puisque le peuple y gagna de n'avoir qu'un maître, au lieu de l'innombrable foule de tyranneaux qui l'opprimaient avant.

L'histoire des temps modernes nous offre de singuliers réveils de despotisme ; c'est lorsque ébranlée par les troubles civils, la société éprouve le besoin de se retremper au sein d'un pouvoir énergique : elle se jette alors dans les bras d'un gouvernement, qui dispose de toutes les ressources de l'absolutisme, mais à qui l'adoucissement de nos mœurs défend d'en faire un rigoureux usage. Quoi qu'il en soit, le progrès subit alors un temps d'arrêt, mais cette station est de courte durée : et bientôt le monde, rassuré se hâte de reprendre, vers la liberté, sa marche un instant interrompue.

III

De la République

§ 1. — *De la République Démocratique*

On distingue deux sortes de Républiques : la République aristocratique, et la démocratique. L'aristocratique est celle où un certain nombre de citoyens exerce à l'exclusion de tous les autres, le pouvoir législatif dont les a investis l'hérédité ou l'élection.

La République démocratique est celle où la masse du peuple, sans distinction de caste ou d'individus, délibère sur les affaires publiques, et prend telles mesures que comportent les circonstances ou les besoins de l'Etat.

On comprend par ces deux définitions quel emploi abusif la génération actuelle a fait du mot : démocratie.

On affecte de comprendre indifféremment aujourd'hui sous le même nom de démocratie, l'Etat où le peuple exerce par lui-même le pouvoir législatif, et l'Etat dans lequel le peuple n'exerce ce pouvoir que par voie représentive. C'est commettre un étrange confusion, car l'acte par lequel le peuple transmet ses droits à ses représentants est plutôt un acte d'abdication qu'un acte de délégation.

Ainsi que l'a très bien dit Rousseau « Un tel peuple croit être libre, il se trompe fort, il ne l'est que durant l'élection des membres du Parlement, sitôt qu'ils sont élus, il est esclave il n'est rien. »

Pour que les députés du peuple soient vraiment ses représentants, il faut que leur volonté soit en tout semblable à la sienne ; mais comment acquerra-t-on la certitude de cette conformité, si ce n'est en obligeant chaque député à consulter ses électeurs avant d'émettre son vote ; mais un tel devoir, par son accomplissement, ne rend-il pas en tout point inutile, l'intervention du représentant.

Lorsque la volonté du peuple s'est manifestée aux yeux de tous, qu'est-il besoin qu'un prétendu représentant vienne répéter à chacun ce que chacun sait aussi bien que lui ?

Le mandat impératif pourrait atténuer en partie ce qu'une telle organisation a de contradictoire et de défectueux, mais il n'en est pas moins vrai, que la plupart des sujets sur lesquels les représentants seront appelés à délibérer échapperont à l'imprévoyance populaire, et que ce mandat impératif sera nécessairement restreint. Le représentant peut bien dire : Je ferai prévaloir ce que veut actuellement, le peuple, mais peut-il ajouter, empiétant sur l'avenir : Je ferai prévaloir aussi ce qu'il voudra demain. Non, car sait-il sur quel objet cette volonté se portera demain ?

Il est donc hors de doute que l'institution des représentants dans une république en fait une aristocratie : aristocratie, élective, temporaire, si l'on veut ; mais qui n'en mérite pas moins le nom d'aristocratie. On voit par là qu'à proprement parler il n'existe point de véritable démocratie, puisque dans toutes les applications de la forme républicaine, le peuple ne pèse sur les affaires publiques que par l'intermédiaire de députés, c'est-à-dire par l'effet de volontés opposées, ou tout au moins étrangères à la sienne.

Non seulement le présent et le passé ne nous offrent aucun exemple de véritable démocratie, mais nous pouvons affirmer que, quelque éloignée que soit l'époque fixée par les théoriciens pour l'essai de cette forme de gouvernement, jamais le monde n'en verra le fonctionnement régulier, parce qu'indépendamment des impossibilités d'application qu'un tel régime rencontrerait dans un grand état comme la France, sa mise en pratique dans une seule ville, sur un territoire restreint, suppose des lumières, une perfection inaccessibles à l'humaine nature.

Pour ce qui concerne la génération actuelle, étant donné ses idées, son éducation et ses mœurs, la *démocratie* ne serait que l'anarchie.

Que les obstinés méditent ces paroles du plus grand défenseur que la démocratie ait jamais pu trouver : « S'il y avait un peuple de dieux, il se gouvernerait démocratiquement ; un gouvernement si parfait ne convient pas à des hommes ! » (1)

Force nous est donc, si nous voulons rester républicains, d'adopter la république aristocratique. J'en sais plus d'un à qui cette conclusion fera jeter les hauts cris, aussi m'empresserai-je de déclarer que ce n'est pas pour les fripons que j'écris, mais bien pour les dupes de leurs coupables intrigues.

Je ne commettrai pas l'insigne naïveté de démontrer au malfaiteur le tort qu'il porte à l'honnête homme en se couvrant de son manteau pour nuire à autrui ; mais m'adressant aux tristes victimes de son charlatanisme, à tous ceux qu'il nourrit de vaines illusions, qu'il accable de stupides flagorneries : « Peuple, te dit-il, tu es le maître, tu es le roi ! Peuple, tu peux tout ; car, biens, richesses, souveraineté, tout t'appartient ! » Qu'ajoute-t-il ensuite ce démocrate désintéressé, toujours prêt à se sacrifier à ton bonheur ?

(1) ROUSSEAU, *Contrat social.*

: Que le meilleur usage que tu puisses faire de ces biens, de ces richesses et de cette souveraineté, c'est de les lui donner, car il sera député fidèle, il n'aura pas d'autre intérêt que le tien ; tu n'éprouveras pas un désir qu'il n'ait hâte de le satisfaire.

Séduit par d'aussi belles promesses, tu crois n'élire qu'un représentant, et tu te donnes un maître ; car, tes suffrages, une fois extorqués, que te reste-il à toi, peuple-roi ? Conçois-tu quelque chose à l'initiative que prennent tes élus ? Peuple souverain, quelle est ta part dans la confection de la loi ? Te consulte-t-on dans la répartition de l'impôt et l'administration de la fortune publique ? Prend-on ton avis, lorsqu'il s'agit de verser ton sang sur les champs de bataille ? Et pourtant, ces mêmes députés ne cessent de se dire démocrates et de proclamer bien haut que la République n'est que le gouvernement de la nation par elle-même ! Pauvres moutons de Panurge, faudra-t-il donc toujours vous répéter que : tout flatteur vit au dépens de celui qui l'écoute !

§ 2. — *De la République Aristocratique.*

Puisque la République aristocratique est la seule possible en ce monde, examinons-en les vices et les qualités, et avant d'aborder ce sujet qu'on nous permette une legère digression.

Depuis quelques années, on répète sans trêve ni relâche que la République est, *en théorie*, le meilleur des gouvernements.

Rien de plus absurde que la distinction que l'on fait ici entre la pratique et la théorie.

Que peut être, en politique, science tout expérimentale, la théorie, si la pratique ne vient s'y joindre ?

Que nous importe que la République soit, dans le sens spéculatif, le plus parfait des gouvernements, si les vices des hommes font de son application la plus injuste et la plus insupportable des tyrannies !

La République, telle qu'on la rêve, n'a jamais existé, et n'existera que lorsqu'il appartiendra aux politiques de changer la nature humaine.

En veut-on la preuve ?

De quelle manière, le peuple entend-il la République ? Voit-il dans ce gouvernement le règne de la liberté, de l'égalité, et de la fraternité, ainsi que s'évertuaient à le démontrer les grands orateurs de 1789 et 1848 ?

— Le peuple de 93 comprenait la liberté et la fraternité

en envoyant à la mort les Girondins coupables de dissidence envers les députés de Paris.

Ce même peuple comprenait l'égalité, en imposant à la Convention la domination de la Commune de Paris, c'est-à-dire, en subordonnant les représentants de la France entière aux représentants d'une seule ville.

Associant aux traditions révolutionnaires, les tendances socialistes, le peuple de 1848 violait au 15 mai la représentation nationale, et portait, en juin, le dernier coup à la République.

Quant au peuple de 1871, je n'aurai garde d'en parler, sachant qu'il n'est personne qui ne le connaisse aussi bien que moi.

Mais, m'objectera-t-on, prétendriez-vous étendre à la France entière la responsablité des évènements de Paris, et assimiler tous les Français aux Parisiens ?

Loin de moi cette pensée : par peuple, je n'entends ici que la population des grands centres industriels et commerciaux, tels que Paris, Lyon, Marseille ; car c'est là que réside à proprement parler le peuple politique, celui dont les actes, quoique souvent dépourvus de justice et de légalité, sont pourtant souverains.

J'aime à croire qu'on ne m'opposera pas l'opinion des campagnes dont les suffrages ne sont pas assez indépendants pour exercer quelque influence sur les destinées communes.

On n'aurait, du reste, qu'à parcourir l'histoire contemporaine pour se convaincre que depuis 1789, toutes les révolutions qui se sont opérées dans l'ordre politique ou social, se sont consommées, sans que les campagnes y aient autrement participé, que par l'ordinaire et tacite adhésion que réclame toujours le fait accompli.

Nulle population n'est donc plus républicaine que celle des grandes villes, et cependant nulle population possède moins le véritable sens du mot République que celle-là.

Tâchons d'expliquer cette apparente contradiction.

Deux causes morales rendent foncièrement impossible l'établissement définitif de la république en France.

D'abord, l'isolement des campagnes, qui les livre tout entières à la pression des influences locales, et ne permet, par conséquent, de compter leurs votes que comme un écho de celui des fonctionnaires publics.

Ce danger n'est que secondaire auprès de celui que rencontre la République dans les dispositions subversives des grandes villes.

En effet, si l'esprit d'entraînement qui anime les paysans ôte à leurs suffrages toute valeur politique, l'ignorance et surtout la jalousie des ouvriers des villes les rend incapables d'un vote impartial et éclairé.

« Il est nécessaire, dit Aristote, d'avoir des connaissances
« pour faire un bon choix; voulez-vous élire un pilote ou un
« géomètre, il faut que les électeurs soient des pilotes et des
« géomètres. Des ignorants peuvent se mêler de donner leurs
« avis dans les sciences et les diverses opérations de la vie;
« mais jugent-ils aussi sainement que les gens de l'art? Ainsi
« la multitude ne devrait ni voter dans les élections, ni juger
« la responsabilité des magistrats. »

Tout au contraire de cela, nous voyons journellement des gens ne sachant ni lire ni écrire, hors d'état par conséquent d'apprécier l'avantage d'une forme de gouvernement sur une autre, ne se rendant pas même compte de ce qu'on appelle gouvernement, décider d'une manière souveraine les questions qui touchent directement à l'existence de l'état et de la société.

Ces hommes, que l'on se plaît à surexciter par les prédications les plus fanatiques et les plus insensées, à qui l'on répète, à chaque instant, que tout doit plier au gré de leurs caprices, entendant toujours parler de droit, finissent par perdre toute notion de devoir.

Avec l'exercice de la toute puissance, s'éveillent aussi les appétits matériels qui y sont attachés.

Habiles à exploiter ses mauvais instincts, les flatteurs de la multitude font miroiter à ses yeux les séductions du luxe et de la fortune : en opposition avec sa misère, ils mettent les plaisirs de toute sorte que la possession des richesses procure aux capistalistes et aux propriétaires.

Dès lors, la guerre est déclarée entre les classes de la société !

Nombre d'ouvriers, cachant sous le vague prétexte « d'affranchissement des travailleurs » l'âpreté de leurs convoitises, poursuivent, envers et contre tous, la réalisation d'un programme qu'un restant de pudeur ne leur permet pas de dévoiler au grand jour.

On ne doit pourtant pas se baser sur la malhonnêteté de quelques-uns, pour envelopper tous les ouvriers dans une commune accusation de révolte sociale.

Nous connaissons les classes ouvrières et nous savons avec quelle scrupuleuse fidelité, avec quel admirable désintéressement les traditions de vertu et de probité s'y transmettent de père en fils ; mais nous connaissons aussi leur défaut de lumières et cette simplicité native, cette aveugle bonne foi qui en font les dupes de tous les charlatans politiques, et leurs illusions, pour être involontaires, n'en sont pas moins funestes.

Lorsque l'ignorance s'allie ainsi à la cupidité pour former la majorité d'un pays, on se demande quelle garantie de moralité et surtout de sagesse peuvent offrir les décisions du suffrage universel.

Quelle peut être l'autorité d'un plébiscite ou d'une élection lorsqu'on songe que les voix des hommes intelligents sont noyées, absorbées dans la foule des votes inconscients ou malhonnêtes ?

Confier l'administration de la chose publique à un tel gouvernement, c'est écarter systématiquement l'intelligence toujours en minorité dans un pays pour s'en remettre de la direction des affaires à la force brutale et stupide du nombre.

Quoi qu'en ai dit Montesquieu, la vertu ne suffit pas à fonder une République ; il faut que les lumières viennent s'y joindre.

De bonnes intentions dépourvues de discerne ment ne servent qu'à conduire consciencieusement les Etats aussi bien que les individus à leur perte.

Certes, quelque aristocratique que soit la République parlementaire, on conçoit tout ce qu'a de remarquable cette fiction gouvernementale qui attribue *théoriquement* les fonctions publiques aux meilleurs, et confie la souveraine puissance à une assemblée d'élite ; mais jusqu'à ce que l'éducation des classes populaires soit terminée, jusqu'à ce que la majorité des électeurs puisse faire un usage éclairé de ses droits politiques, il faudra nous résigner à ne voir dans cette magnifique conception qu'une grande et dangereuse utopie.

§ 3. — *Le parti républicain*

Nous venons d'indiquer les inconvénients que présente l'exercice du suffrage universel dans toute société où la capacité politique n'est pas en rapport avec la puissance électorale.

Que sera-ce, si l'on ajoute aux vices résultant du fonctionnement régulier du système les émeutes et les perturbations qu'engendre l'esprit séditieux de certaines individualités.

Non contents d'égarer le suffrage des masses, les ambitieux les soulèvent lorsque les résultats du scrutin ne leur sont pas favorables.

Irrités par le sentiment de leur impuissance, ils se répandent en imprécations contre les prétendus ennemis du peuple, et sous le fallacieux prétexte de droits méconnus, ils lèvent à tout instant le drapeau de la révolte ; à la faveur d'une surprise ils chassent les députés régulièrement élus pour installer à leur place les représentants d'une minorité factieuse. En cette matière les preuves abondent tellement, que pour les toutes citer il nous faudrait écrire en entier l'histoire des trois Républiques.

La politique a ses hypocrites comme la religion. Les démagogues essaient de légitimer leurs usurpations en mettant la République au-dessus du suffrage universel, car il est à remarquer que tous les coups de main n'ont, sous la République, d'autre but avoué que son maintien.

Il serait grand temps que ces messieurs voulussent bien nous dire quelle république est au-dessus du suffrage universel, puisque nous comptons autant de républiques que de républicains.

Y a-t-il, en effet, un parti plus indiscipliné que le parti démocratique ?

Dans un ouvrage consacré à la discussion des principes, nous voudrions nous abstenir de toute personnalité, mais, de grâce, qu'on nous cite un républicain que la jalousie de ses coreligionnaires ait épargné.

Quel démocrate s'est montré assez pur, assez désintéressé pour se concilier l'estime et le respect des siens ?

En est-il un seul qui, suivant le mot de Mirabeau, n'ait éprouvé combien la roche tarpéienne est près du Capitole ?

Tour à tour calomniés, honnis, vilipendés, tous ont payé leur tribut à la défiance et à l'envie, ces deux *vertus* essentiellement républicaines ; bien heureux, lorsqu'un concours de circonstances, indépendant de la volonté de leurs adversaires, ne permettait pas de les frapper dans leur existence matérielle en même temps que dans leur existence morale.

Il y a longtemps qu'on l'a dit, on ne saurait trop le répéter pour l'édification des races futures : les haines sont plus terribles de républicains à républicains que de républicains à monarchistes.

Et cette anarchie se comprend de la part de ceux qui empruntent à l'anarchie tous leurs moyens d'action. Dévoré d'orgueil et d'ambition, chacun de ces fougueux démocrates s'efforce de surpasser en radicalisme les opinions de ses collègues afin de les supplanter dans la confiance populaire. La partie malsaine de la population, *la vile multitude*, ainsi que l'a qualifiée l'esprit le plus éminent de notre époque, la vile multitude n'est pas dupe de ce zèle intéressé : elle sait très-bien pourquoi tel journaliste fait de sa feuille une liste permanente de dénonciations, pourquoi tel tribun de carrefour crie à chaque instant à la trahison, mais bien mieux que l'union, cette âpre concurrence la sert, car c'est grâce à la rivalité de ses courtisans qu'elle peut compter sur un personnel incessamment renouvelé, et par conséquent sur un effort incessamment répété pour arriver à la conquête des biens matériels.

Le pays peut, à la rigueur, souffrir les ambitieuses visées des meneurs, et quelquefois les satisfaire, puisqu'il faut à toute société un gouvernement bon ou mauvais; mais quand il s'agit de déférer aux cupides aspirations de la masse, propriétaires et capitalistes s'arment pour défendre le fruit de leurs économies, et le droit, assisté de la force, ne tarde pas à faire justice d'un projet de rénovation sociale basé tout entier sur le vol et le pillage.

En face de ces insanités, qui se traduisent toujours par une effusion de sang, quelle est la conduite des républicains modérés?

Au lieu de rompre ouvertement avec les ennemis de l'ordre, on les voit indécis, hésitants, parler de paix et de conciliation comme si jamais le bien pouvait transiger avec le mal; ils gémissent ensuite sur le sort des victimes de l'émeute, et semblent ainsi imputer à l'armée, cette esclave du devoir, la responsabilité des maux de la guerre civile. Que signifie cette attitude équivoque, cette coupable abstention, si ce n'est une odieuse complicité qui, pour s'affirmer librement, n'attendait que le triomphe de l'insurrection?

Voilà la peinture adoucie plutôt qu'exagérée des vices du parti républicain.

Faut-il s'étonner ensuite que ce parti rencontre si peu d'adhérents en France?

Supposons que sur 38 millions de Français, 2 millions soient ou plutôt se disent républicains. Etant accordé au parti démocratique, le prestige d'une utopie d'autant plus séductrice que son influence s'exerce sur l'ignorance des masses, de quels arguments disposera ce parti pour persuader aux 36 millions de monarchistes que la république est le meilleur des gouvernements, puisque les 2 millions de républicains qui devraient donner l'exemple et servir pour ainsi dire de modèles se déchirent, fomentent des émeutes et compromettent à chaque instant, par leurs divisions, la fortune publique et privée?

Parlera-t-on morale et philosophie humanitaires à celui que le désordre empêche de gagner honnêtement sa vie et celle des siens? Il n'y a morale qui tienne contre l'intérêt individuel, et tout honnête homme, à moins d'être aveuglé par l'esprit de parti, n'éprouvera jamais qu'une médiocre sympathie pour l'heureux régime auquel nous devons la liberté absolue de la presse, les beaux discours de réunions publiques et tant d'autres avantages inhérents à la république, et naturellement compensés par la cessation du travail, la disparition de tout crédit, l'absence de toute sécurité, et finalement par la ruine et la mort du pays assez mal inspiré pour confier ses destinées à cette forme gouvernementale.

Que ressort-il, en résumé de ce qui précède?

Premièrement, que la République parlementaire constituerait l'idéal des gouvernements, si le droit de suffrage qui lui sert de base était exercé d'une manière *honnête* et *éclairée*.

Deuxièmement, qu'il est impossible, vu le défaut d'instruction des masses, que ces deux conditions soient réunies dans le suffrage universel.

Il nous reste maintenant à prouver que cet idéal fût-il atteint, les inconvénients attachés à l'organisation de la chose rendraient son application impossible, et c'est ce qui fera l'objet du chapitre suivant.

§ 4. — *Qu'au point de vue matériel, la République est impossible.*

Le propre d'une assemblée étant de délibérer, il est évident que rien de ce qui touche à l'action n'est de sa compétence, ni de sa capacité.

Aussi, quelque souveraine que soit une assemblée, ce n'est jamais que par délégation qu'elle peut exercer l'action gouvernementale. La Convention nationale, qui fut la plus absolue de nos législatures, ne sauva la France de l'invasion qu'en s'abandonnant à la dictature du comité de salut public. Lorsqu'au 9 thermidor, ce comité tomba sous le poids de l'exécration générale, ce fut pour faire place au Directoire. La République de 1848 confia successivement le pouvoir exécutif à une commission de cinq membres, au général Cavaignac, et enfin, se modelant sur les Etat-Unis à un président électif.

De cette indispensable division des pouvoirs naît le fatal antagonisme qui entraîne toutes les républiques à leur perte.

En effet, si l'assemblée représentant la nation est souveraine de droit, il n'en est pas moins vrai que l'exécutif, disposant de la force, est souverain de fait.

Or, on sait assez ce que devient le droit livré sans défense, aux criminelles attaques de l'ambition pour que l'issue de la lutte engagée dès le principe entre les deux pouvoirs rivaux ne soit un mystère pour personne. Ce siècle nous offre, d'ailleurs, quelques exemples d'usurpation qui s'imposent encore au souvenir de tous.

Quelques-uns croient avoir tourné la difficulté en détachant le commandement des troupes des attributions de l'exécutif.

C'est éluder la question, et déplacer le danger ; car, de deux choses l'une : ou l'exécutif s'entendra avec le commandant en chef pour consommer le coup d'état, ou bien le coup d'état sera dirigé par le commandant des troupes, à la fois, contre l'exécutif et l'assemblée.

En preuve de la première éventualité nous citerons le complot du 2 Décembre 1851 où Bonaparte, au mépris de la constitution qui lui refusait la direction des troupes, sut intéresser à sa cause les chefs de l'armée. Quant à la possibilité d'un attentat exécuté par le général en chef sur l'ensemble du gouvernement, nous rappelerons à nos lecteurs le 18 Brumaire où le premier Bonaparte retint deux directeurs prisonniers au Luxembourg, et dispersa par la force le conseil des Cinq-Cents.

Si l'apport de ces deux preuves ne suffisait pas à démontrer l'instabilité de la République, nous ferions remarquer que des trois essais qui ont été faits en France de cette forme de gouvernement, deux ont échoué par les raisons que nous venons d'indiquer, le troisième dure encore quoique dépourvu des garanties constitutionnelles sans lesquelles un régime ne saurait vivre.

Cette troisième République doit sa précaire existence plutôt à la fragile confiance qu'inspire un homme qu'à l'assentiment problématique de la majorité du pays ; mais combien durera cet état provisoire, et sait-on ce que nous réserve l'avenir ?

On nous parlera des Etat-Unis où l'idée républicaine s'est tellement implantée dans les esprits que tout soupçon de trahison de la part du président y serait regardé comme une crainte chimérique et ridicule.

Nous pourrions faire observer que les mœurs américaines n'ont rien de commun avec les mœurs françaises, et entamer une dissertation sur les différences de caractère qui distinguent les deux peuples : nous nous contenterons de constater qu'aucune assimilation ne saurait-être établie entre l'unité française qui subordonne à la conquête de trois grandes villes l'assujettissement de tout un peuple, et le système fédératif qui fait des provinces de l'union américaine autant d'états ayant conservé leur autonomie, vivant de leur vie propre et se trouvant, par conséquent, en mesure d'opposer des forces invincibles à l'usurpation présidentielle.

Une dernière illusion nous reste à détruire pour faire entière justice du sophisme républicain : c'est celle qui consiste à remplacer l'armée par la garde nationale dans la défense des lois et de l'ordre public.

Sur ce sujet, comme sur tant d'autres, les républicains ont pour eux la théorie.

Quoi de plus beau, en effet, que le soldat citoyen ?

À qui appartiendra la garde des libertés publiques, si ce n'est à celui qui en jouit et qui plus que tout autre est intéressé à leur conservation ?

De prime abord, cette idée s'empare tellement de l'esprit, que la garde nationale nous apparaît comme l'idéal de l'armée.

Les armées permanentes coûtent si cher à entretenir qu'on n'hésiterait pas à les remplacer par ce corps d'élite qui ajouterait à tous leurs avantages celui d'une immense économie.

Peut-il y avoir, d'ailleurs, un meilleur soldat que celui qu'anime au combat la pensée d'une femme adorée, d'enfants chéris à défendre ?

Lequel déploiera le plus d'ardeur sur le champ de bataille, de celui qui n'expose sa vie que pour le compte d'autrui, ou de celui qui voit ses biens, sa fortune en jeu dans la lutte, et peut à chaque instant se dire : « C'en est fait de l'aisance, du bien-être, tout est perdu pour moi, si je ne suis victorieux ! »

C'est sous cet aspect que la garde nationale se présente au théoricien ; mais qu'il y a loin de cette fiction à la réalité, telle que l'aperçoit l'observateur !

Certes, nul doute qu'une garde nationale bien organisée, commandée par des chefs capables, et surtout, maintenue dans le devoir par une forte discipline, ne répondît pleinement aux espérances des patriotes. Mais j'en appelle au témoignage de mes concitoyens: depuis que la garde nationale fonctionne en France, quel spectacle nous offre-t-elle ?

Qu'y a-t-il de commun entre ce corps d'élite dont nous parlions tantôt, et cette horde mutine et tapageuse, qui raisonne là où il faudrait obéir, bonne, tout au plus, à parader sur nos places publiques et à fournir par ses divisions, d'incessants sujets de troubles et de discorde.

Dévouée à la cause de l'ordre, la garde nationale est impuissante à réprimer l'émeute. Complice de l'insurrection, c'est l'ennemi le plus terrible que le pouvoir ait à combattre.

Nous avons peine à relever l'opinion qui prétendrait remplacer les armées permanentes par la garde nationale.

L'expérience de la dernière guerre démontre pleinement que les temps sont passés où une foule indisciplinée, tirant toute sa force de son enthousiasme, jetée pêle-mêle sur les champs de bataille, avait raison des vieilles troupes, qui ne savaient, esclaves de la consigne, que mourir à leur poste. Une révolution s'est opérée dans la tactique moderne: L'usage des armes à longue portée a détrôné la baïonnette, et permis au soldat d'attendre tranquillement, à distance, l'effet calculé de ses engins meurtriers.

Au reste, il est aisé de se convaincre que les démagogues ne demandent le maintien de la garde nationale que parce qu'ils espèrent, grâce à l'insubordination qui règne dans ses rangs, faire triompher leurs coupables projets.

Une garde nationale, telle que nous l'entendons, ne discuterait pas les ordres de ses chefs, leur obéirait au contraire aveuglément, et si elle n'était pas dangereuse pour l'ordre public, elle offrirait, en revanche, les mêmes inconvénients que l'armée sur laquelle elle serait calquée, c'est-à-dire se prêterait comme elle à l'accomplissement d'un coup d'état.

Bonne ou mauvaise, la garde nationale n'assure donc aucune garantie de durée à la République ; et c'est pourquoi nous demandons avec instance la suppression de cette institution bâtarde, dont toute l'utilité consiste à fournir aux chefs l'occasion d'étaler dans les revues leur présomptueuse ignorance. Nous savons trop, par l'exemple de Paris, ce qu'il en coûte de jouer aux soldats.

Notre œuvre touche à sa fin. Dans cette avant-dernière partie, nous avons démontré que le suffrage universel, quelque légitime que parut son omnipotence, était loin de doter une république des meilleures lois. Fidèle aux principes que nous avons exposés dans nos préliminaires, nous avons montré que ces lois auxquelles, bonnes ou mauvaises, tous doivent obéissance, étaient, à chaque instant, violées et foulées aux pieds sous le régime démocratique. Nous demanderons maintenant au lecteur si un système politique qui ne sait, comme moyen, qu'établir la révolution en permanence, et comme but, qu'ériger l'anarchie en doctrine, mérite le nom de *Gouvernement*, et si ce gouvernement, ainsi que l'appellent quelques uns, peut exister autrement qu'à l'état passager et transitoire ?

IV

De la Monarchie Constitutionnelle

Des trois régimes dont nous avons entrepris l'examen, deux ont été rejetés par des raisons diamétralement opposées en apparence, et pourtant identiques au fond: sous la royauté absolue, les hommes sont esclaves de la volonté d'un seul ; sous la République, la liberté de chacun étant poussée jusqu'à la licence, tous sont esclaves de chacun, et c'est là l'unique raison de l'étroite corrélation qui existe entre le despotisme et l'anarchie. C'est ainsi qu'après les sanglantes rivalités de Marius et de Sylla, d'Antoine et d'Octave, le monde, fatigué des guerres civiles, se jeta dans les bras d'Auguste.

Voilà pourquoi Bonaparte recueillit si facilement le funèbre héritage de la Terreur et pourquoi ce peuple, qui avait combattu dix ans pour sa liberté, accepta si docilement le joug de celui qui lui promettait la tranquillité intérieure.

Mais, ainsi que nous venons de l'exposer, pas plus l'un que l'autre de ces deux gouvernements ne peut compter sur l'avenir, et du jour où ils se constituent et acquièrent un semblant de régularité, de ce jour commence aussi leur immanquable désorganisation.

Il faut donc chercher ailleurs.

Il faut imaginer un régime intermédiaire qui, empruntant à l'absolu son indomptable force et au républicain son esprit de progrès et de libéralisme permette d'arriver enfin à ce but tant cherché, la conciliation de l'ordre et de la liberté.

Cette terre promise après laquelle soupirent tous les vœux ne peut pas plus exister dans une extrémité que dans une autre. C'est dans un moyen terme, dans une sorte d'équilibre entre les forces sociales, dans ce qu'on appelle ironiquement « *juste milieu* », et que je nomme sage modération, qu'existe la seule forme gouvernementale qui puisse satisfaire légitimement toutes les aspirations, et fournir à l'humanité le moyen de suivre sans secousse, sans précipitation, comme sans recul la loi de perfectionnement suivant laquelle elle se dirige à travers les siècles. Cette forme gouvernementale nous croyons l'avoir trouvée dans la Monarchie Constitutionnelle.

Expliquons en quelques lignes l'économie de ce système.

Deux chambres d'origine diverse discutent et jugent à des points de vue différents, les projets de lois qui peuvent surgir de leur initiative ou de celle du pouvoir exécutif.

La première, constituée pour un laps de temps relativement considérable, doit à ses éléments conservateurs d'être la gardienne du pacte fondamental sur lequel reposent les institutions de l'Etat.

La deuxième, incessamment renouvelable, puise dans les divers courants d'opinions qui se partagent le pays, les tendances réformatrices et progressives qui font insensiblement avancer une nation dans la voie des améliorations sociales.

Le gouvernement appartient à un ministère issu de la majorité des deux chambres, qui peuvent, à chaque instant, par le maintien ou le retrait de leur confiance, lui maintenir ou lui retirer aussi le pouvoir.

Au-dessus de tous, le roi règne. Arbitre de tous les partis, spectateur désintéressé des luttes parlementaires, le roi ne remplit dans l'Etat, d'autre office que celui de surveillant général.

Suivant qu'on envisage le parlement dans ses rapports avec l'exécutif ou dans ses rapports avec la nation, la prérogative royale revêt un de ses deux aspects. Dans les relations du parlement avec le ministère, le roi révoque les ministres que frappe l'improbation de la Chambre et les remplace par ceux que lui recommande le crédit de l'assemblée.

Dans les relations du parlement avec la nation, le roi dissout toute législature qu'il juge ne plus représenter le pays et appelle le peuple à de nouvelles élections. Là se bornent les attributions du roi constitutionnel. La loi ne le place à la tête des pouvoirs publics que pour leur donner ce caractère de stabilité sans lequel aucun progrès durable ne saurait se réaliser. Voilà, décrite en peu de mots, l'organisation du régime constitutionnel; il faut, à présent, réfuter les principales objections qu'on lui oppose.

Et d'abord, parlons de l'hérédité, seule différence qui distingue le roi constitutionnel d'un président de République.

« L'hérédité, disent les républicains, repose sur ce préjugé qu'une famille appelée du ciel pour régner sur un pays fournit à chaque génération un homme capable de le *gouverner* et de l'*administrer*. »

J'avoue qu'il n'y a rien de plus absurde que l'hérédité ainsi entendue; mais, par quelle inconcevable méprise peut-on assimiler ainsi un roi absolu à un roi constitutionnel; car « *gouverner et administrer* » sont réellement les fonctions d'un roi absolu; mais peut-on en dire autant du roi constitutionnel qui, suivant la maxime consacrée, règne et ne gouverne pas. Qu'on se rende compte de la simplicité et surtout de la facilité du rôle que les lois de la monarchie constitutionnelle assignent au souverain ; qu'on veuille bien se rappeler que ce souverain n'a pas à intervenir dans l'administration de la chose publique, entièrement déférée à un ministère responsable, et l'on se convaincra que pour être bien remplies, de telles fonctions ne demandent qu'un vulgaire bon sens, qu'une honnête médiocrité, et qu'en conséquence on peut, sans témérité, espérer qu'une famille désignée de Dieu et *des hommes surtout* fournira, toutes les fois que besoin sera, un bon roi constitutionnel.

D'ailleurs, qui ne voit que c'est dans l'indispensable nécessité d'éviter toute révolution, tout cataclysme social, et d'assurer au contraire aux institutions libérales un paisible et régulier développement que l'hérédité puise sa légitime raison d'être.

C'est à l'hérédité de la couronne, que la monarchie constitutionnelle doit cette précieuse sécurité qui fera toujours défaut à la République.

Une deuxième objection emprunte à nos récents désastres une importance capitale : elle est tirée du droit de paix et de guerre que presque toutes les chartes attribuent au monarque constitutionnel. Tout en réservant notre appréciation personnelle, nous ferons remarquer qu'à l'inverse des rois absolus qui disposent, en souverains maîtres, de la vie de leurs sujets, les rois constitutionnels ne peuvent déclarer une guerre, quelque légitime qu'elle soit, qu'autant que leurs ministres en acceptent la responsabilité devant le parlement.

Est-il besoin d'ajouter que les ministres, ne voulant pas courir les risques d'une mise en accusation, ne contresignent la déclaration de guerre qu'après s'être assuré l'approbation et le concours effectifs des deux Chambres ?

Au surplus, par le refus des subsides, la Chambre n'est-elle pas toujours libre d'arrêter, quand il lui plaît, les hostilités, ou même d'en empêcher tout-à-fait l'ouverture ?

— Mais, me dira-t-on, l'Empire ne s'était-il pas changé en royauté constitutionnelle, lorsqu'il plut au dernier des Bonaparte d'ouvrir la France à l'invasion ?

Quelle garantie peut nous offrir désormais la responsabilité ministérielle, puisque son rétablissement parmi nous concorda avec la plus funeste des guerres ?

Verra qui voudra, dans M. Ollivier, un ministre responsable ; mais nous ne reconnaissons, à l'ancien Corps Législatif, aucune des qualités parlementaires et représentatives qui permettent à une assemblée d'exercer une surveillance efficace sur la conduite du pouvoir exécutif.

Représentait-elle la France ou l'empereur, cette assemblée élue sous le régime de la candidature officielle ?

Ce suffrage universel, esclave du pouvoir, avait-il conscience de ses actes ? La grande masse des paysans se doutait-elle qu'en nommant pour députés, les sosies de l'empereur, elle livrait, à ce dernier, la source de son sang ?

Et ce ministère, est-ce la Chambre qui l'avait imposé à l'empereur, ou n'est-ce pas plutôt l'empereur qui l'avait imposé la Chambre ? Jamais majorité fut-elle plus obéissante, plus docile que celle qui accepta de la même main, Forcade-Laroquette, Emile Ollivier et Palikao !

Qu'on ne vienne donc plus accuser la royauté constitutionnelle des crimes du régime, qui n'en fut que la grotesque contre-façon !

Ce droit de paix et de guerre, fictif pour un roi constitutionnelle, n'était que trop réel pour Bonaparte, et la manière dont il en a usé le démontre suffisamment.

Quoi qu'il en soit, les conséquences de la guerre sont trop terribles pour que leur responsabilité, même apparente, ne doive peser que sur la tête d'un seul homme :

Nous voudrions que, comme celle de 1791, la constitution soumît la déclaration de guerre à la sanction explicite d'une assemblée *vraiment représentative,* en sorte, qu'il fût bien arrêté, dans l'esprit de chacun, qu'une guerre n'est pas l'œuvre du roi, ni du ministère, mais bien celle du pays lui-même.

Mais qu'entendons-nous par assemblée *vraiment représentative ?*

C'est celle à la nomination de laquelle l'intelligence participe plus que le nombre.

En d'autres termes, j'appelle assemblée représentative, celle qui ne reproduit, dans ses délibérations, que les avis de la partie éclairée de la nation.

Pour obtenir ce résultat, étant admis et constaté l'usage inintelligent que les masses font de leurs votes, je voudrais que le droit de suffrage ne fût accordé qu'à ceux qui justifieraient d'une certaine instruction, et par conséquent, d'une certaine capacité électorale.

Mais qu'on ne croie pas qu'instruction signifie simplement ici : savoir lire et écrire. Une éducation aussi rudimentaire est trop insuffisante pour autoriser celui qui n'en possède pas d'autre à s'occuper de politique. Il faut qu'à la culture de l'esprit s'ajoute la culture du cœur, et qu'à défaut de sentiments religieux, l'électeur puisse témoigner de ses connaissances morales.

Sans exiger de lui le diplôme de licencié en droit, ainsi que le prétendent certains, qui ne peuvent avoir raison d'une opinion adverse qu'en l'exagérant, pourquoi n'obligerait-on pas celui qui demande les droits du citoyen à prouver qu'il en connaît les devoirs?

La manière dont une nation exerce sa souveraineté est une question de vie et de mort pour elle : cette considération est assez grave pour restreindre le partage de la puissance publique aux seuls citoyens dignes, par leurs lumières et leurs vertus, d'appartenir au corps électoral.

Mais, s'écriera-t-on, c'est demander la reconstitution d'une aristocratie !

Et pourquoi ne le reconnaîtrions-nous pas? L'aristocratie de naissance est injuste; l'aristocratie de fortune est absurde, mais y a-t-il une aristocratie plus légitime que celle de l'intelligence?

Cette aristocratie, partisans de l'égalité absolue, ne la subissez-vous pas dans Louis Blanc, Thiers, Gambetta, véritables seigneurs de la démocratie, qui disposent d'une part d'influence d'autant plus grande qu'on leur reconnaît plus de capacité, plus d'aptitude à gouverner leurs prétendus semblables?

D'ailleurs, est-ce qu'au prix de l'étude tous, sans distinction de caste, ne sont pas appelés à faire partie de cette aristocratie ?

Quel homme osera protester contre l'exclusion dont sa seule ignorance l'aura frappé? Serait-il fondé à se plaindre, lorsqu'il ne tient qu'à lui d'acquérir les connaissances exigées par la loi et de payer ainsi son droit d'entrée dans la vie politique. Sa place est d'avance marquée au forum, mais encore faut-il qu'il la mérite par son travail.

Combien l'application d'une pareille théorie élèverait la dignité d'électeur, tombée si bas depuis qu'il suffit de naître pour l'acquérir! Quelle louable émulation, quel avide désir de s'instruire la perspective d'une si noble récompense n'exciterait-elle pas au sein des classes populaires? Indépendamment des avantages politiques que le pays retirerait d'une telle réforme, on peut aisément prévoir l'admirable essor que prendraient les lettres, ainsi encouragées, et combien, sous l'action de cet énergique stimulant, s'élèverait le niveau de l'instruction publique !

L'organisation électorale dont nous venons d'exposer les principes est plutôt du domaine spéculatif que du domaine réel : ce n'est pas pour les imiter que nous avons reproché aux idées républicaines leur impraticabilité. Nous prévoyons les difficultés que rencontrera dans l'application le système proposé, et nous n'attendrons pas qu'on nous les signale pour les reconnaître, ainsi : le petit nombre des électeurs n'étant pas en rapport avec la population n'aura aucune autorité morale.

Pour cette raison, et pour bien d'autres, les lignes qui précèdent s'adressent plutôt au philosophe qu'à l'homme d'état. C'est un sujet que nous offrons aux méditations de nos politiques, afin que, le moment venu, le législateur en puisse tirer tout le parti possible.

Pour l'heure présente, nous estimons qu'il n'y a pas de moyen plus pratique, plus efficace de remédier aux inconvénients du suffrage universel, que de lui substituer le suffrage à deux degrés.

Sous l'empire de cette législation, des électeurs choisis par l'universalité de leurs concitoyens nomment les députés. Ainsi qu'on l'a dit, c'est le meilleur moyen de rétablir la hiérarchie des intelligences. C'est sous ce mode de votation que fut élue la Constituante de 89, l'assemblée la plus éclairée que nous ayons jamais eue, celle à laquelle nous sommes redevables de nos plus belles institutions sociales ; et c'est aussi d'une semblable élection que sortira l'assemblée qui doit régénérer la France actuelle et fermer définitivement l'ère des révolutions.

V

Des applications de la Monarchie constitutionnelle

Le dernier argument élevé contre le régime constitutionnel, c'est la difficulté de son application.

« De ce que les mœurs anglo-saxonnes répondent à merveille aux aspirations égoïstes et calculées de ce gouvernement, s'ensuit-il, objectent nos adversaires, qu'un peuple d'une nature ardente et généreuse comme la France puisse s'en accommoder ? »

« Un véritable roi constitutionnel, c'est, pour nous modernes, *l'avis rara* des anciens. »

Cette opinion est si vieille que ceux qui depuis quarante ans la professent ne daignent pas même s'assurer si l'évènement l'a confirmée ou détruite.

Rare la monarchie constitutionnelle !

Cela pouvait-être au commencement du siècle, où l'Angleterre seule en effet donnait au monde d'inutiles leçons de droit représentatif ; mais, de nos jours, les exemples de royauté constitutionnelle sont si multiples qu'on peut considérer ce régime comme le type du gouvernement européen.

Qu'est-ce que l'Autriche, l'Espagne, le Portugal, l'Italie, la Suède, la Hollande, le Danemark, la Grèce, sinon des royautés constitutionnelles ?

Et la Belgique, ce rameau détaché de la France, ne nous offre-t-elle pas, depuis 1830, dans l'intelligente et sage dynastie des Léopold, le modèle des royautés constitutionnelles ?

Par l'élévation de son caractère, par son impartialité et surtout par son respect pour la foi jurée, Léopold Ier fit l'admiration du monde entier. Chaque pays l'enviait à la Belgique. Il eut de son vivant la rare et bonne fortune de voir, amis et ennemis, rendre justice à son prodigieux mérite, et n'envisager qu'en tremblant la possibilité d'un changement de régime. Qui, disait-on, saura mieux que lui tenir la balance égale entre les partis et mieux se désintéresser des luttes politiques qui agitent la Belgique?

Il mourut, et, phénomène étrange que notre époque, lorsqu'elle le rencontrait dans l'histoire, regardait comme invraisemblable, ce roi fut regretté de ses sujets !

Pendant les premiers jours qui suivirent sa perte, un silence de mort plana sur sa capitale en deuil : on eût dit que ce peuple consterné se recueillait, de peur de troubler le repos de celui qui lui donna, en échange des soucis de la couronne, trente ans d'une inaltérable paix et d'une surprenante prospérité !

Ce roi qu'on jugeait unique revit dans son fils. Digne héritier des traditions paternelles, Léopold II remplit fidèlement les obligations qu'il prit en montant sur le trône : Persuadé que toute immixtion de sa part dans les affaires publiques compromettrait son inviolabilité, et par conséquent l'ordre et la sécurité dont elle est le fondement, il laisse la nation se gouverner comme elle l'entend, accepte avec une égale bienveillance tous les ministères qu'il plaît au parlement de lui envoyer, se réservant pour tout pouvoir de maintenir étroitement l'accord entre le pays et sa représentation.

Et qu'on ne voie pas une exception dans ce portrait, puisqu'indépendamment de Victoria et de Léopold, l'Europe, sur 18 souverains qui se partagent son territoire, compte 13 rois constitutionnels qui, sans posséder les éminentes qualités du prince belge, s'acquittent pourtant de leurs devoirs à la satisfaction de leur peuple.

Les républicains parlaient tantôt de la rareté d'une monarchie constitutionnelle ; ne pourrait-on retourner la question, et leur demander ce qu'il y a de plus rare d'une royauté constitutionnelle ou d'une république ?

A défaut de toute autre preuve, les faits déposent donc en notre faveur ; et comment en serait-il autrement ? Pas plus que la vérité n'est le privilège d'un homme, une forme de gouvernement aussi parfaite que la royauté constitutionnelle n'est le privilège d'un peuple.

Il est aussi absurde de prétendre que la monarchie représentative appartient exclusivement à l'Angleterre que d'établir qu'à l'exception d'un peuple assez favorisé de Dieu pour faire le bien, tous les autres sont condamnés à faire le mal.

La forme constitutionnelle est une ; elle est la même en Angleterre qu'en Belgique, en Italie qu'en Grèce, car elle consiste partout dans l'existence de deux chambres, d'un ministère responsable et d'un roi inviolable.

Ses variétés d'aspect ne proviennent que des différents milieux auxquels on l'applique : essentiellement politique, elle n'influe en rien sur les mœurs et les usages sociaux, c'est ce qui la rend accessible à tous les peuples, et lui permet de s'adapter à la démocratique France aussi bien qu'à l'aristocratique Angleterre : en un mot, sa flexibilité fait son universalité.

Au reste à quoi bon démontrer ce que dix-huit ans de progrès et de liberté ont surabondamment prouvé ?

Y eut-il jamais, en France, une époque plus prospère, plus florissante que le règne de Louis-Philippe.

Qu'on se reporte à cet heureux temps où le commerce et l'industrie, suivant le développement de nos franchises publiques, nous donnèrent, à défaut de l'empire matériel, la prédominante morale sur tous les peuples de l'Europe.

Qu'on se souvienne qu'à cette époque de libre discussion, nul ne subit d'autre joug que celui de la loi, et que pendant tout le temps qu'il occupa le trône, jamais il ne vint à la pensée du roi Louis-Philippe de gouverner autrement qu'avec la constitution et l'adhésion du peuple français.

Ce fut même la crainte que l'esprit public se fût retiré de lui, qui le livra désarmé aux entreprises d'une poignée de factieux et précipita sa chute, au douloureux étonnement de la nation tout entière. Certes, Louis-Philippe commit des fautes, quel gouvernement n'en a point fait ? mais pour le juger, il faut autre chose que des accusation malveillantes et intéressées ! Tel qui, dans son *Histoire de dix ans* affecte des sentiments belliqueux, et s'indigne contre ce qu'il appelle la conduite pusillanime du roi à l'égard de l'Europe, doit, à la suite de nos malheurs, s'expliquer la légitime horreur que Louis-Philippe avait pour la guerre.

Qui donc aujourd'hui osera faire un reproche à ce roi de son amour pour la paix? Qui l'accusera de s'être montré avare du sang de ses sujets? Il avait vu pendant vingt ans, la plus terrible des guerres ensanglanter l'Europe, et la fortune inconstante, abandonner deux fois la France à l'invasion; il avait vu son pays mis deux fois au pillage et à contribution, et le plus grand capitaine du monde vaincu par cette coalition qui en 1840 existait encore, et l'on voulait qu'il jetât son peuple isolé, livré à ses propres forces, dans un conflit dont les terribles éventualités, pour échapper à l'inexpérience des jeunes républicains, ne s'imposaient pas moins à la sollicitude des esprits sérieux!

Etait-ce pour lui qu'il craignait ce roi qui avait exposé vingt fois sa vie sur les champs de bataille de la Révolution et qui montra toujours un visage serein aux huit régicides qui tour à tour s'acharnèrent après lui?

Et comme l'a dit l'illustre et malheureux écrivain qui manque à la *France nouvelle*, y a-t-il quelque courage personnel à décider du fond de son cabinet la mort de cent mille de ses semblables?

Encore une fois, nous le demandons, qui donc en 1871 osera reprendre cette accusation et s'en faire une arme contre Louis-Philippe? Le seul tort de ce roi, que l'histoire, de l'aveu de Victor Hugo, placera au rang des meilleurs, fut d'opposer une trop longue résistance à la réforme électorale. Par quelle aveugle et déplorable obstination refusa-t-il à l'intelligence cette légitime part qui lui est toujours due dans la direction des affaires publiques?

Comment ne vit-il pas que l'adjonction des capacités régénèrerait par l'infusion d'un sang nouveau ce corps électoral vieilli dans le bien-être et les satisfactions matérielles? Mais s'il eut tort de ne pas céder plus tôt, quel nom donnerons-nous à l'odieux attentat par lequel une bande de conspirateurs, exploitant les besoins de réforme qui agitaient alors la France, s'emparèrent du pouvoir par surprise et firent ainsi violence aux sentiments de tout un peuple?

C'est sur eux que retombera l'écrasante responsabilité des maux et des revers qui viennent d'accabler la France! C'est à eux qu'il faut demander compte de l'établissement prématuré du suffrage universel, et par conséquent de tous les malheurs que son exercice inexpérimenté a attiré sur nous!

C'est à eux que nous devons l'élection de Bonaparte à la présidence, le verdict d'acquittement par lequel le peuple a sanctionné son usurpation, et enfin le plébiscite de 1870 qui devait engager l'Empire dans la plus aventureuse et la plus fatale de ses entreprises.

Si l'Alsace et la Lorraine nous sont aujourd'hui arrachées, si la France est aujourd'hui tributaire de la Prusse, si le sol sacré de la patrie est aujourd'hui souillé de la présence de l'étranger, c'est eux, démagogues de 1848, que nous accusons et rendons responsables des angoisses et des douleurs de la mère commune.

Qu'ils s'appellent Ledru-Rollin ou Lamartine, Arago ou Louis Blanc, l'histoire et la postérité n'auront qu'une voix pour les condamner et les flétrir dans leur criminelle ambition !

Ernest ARNVALD.

FIN

Marseille. — Imp. T. SAMAT, Quai du Canal, 15.